AF248189

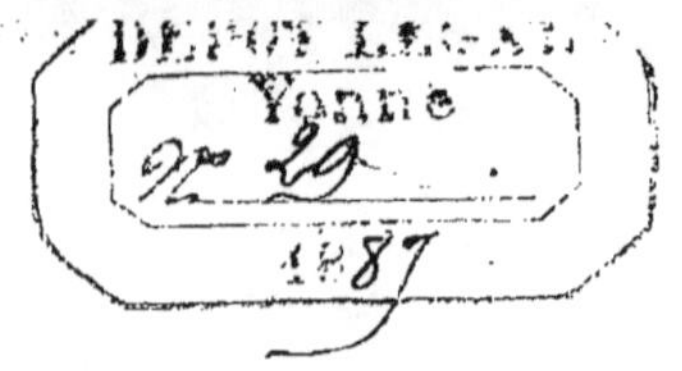

SEIZIÈME ASSEMBLÉE GÉNÉRALE ANNUELLE

DES

CATHOLIQUES DE FRANCE

A PARIS

———✦———

RAPPORT

PRÉSENTÉ PAR M. **CH. PERROUX**, DIRECTEUR DE L'ÉCOLE SAINT-GERMAIN

A TONNERRE

Et admis à la lecture par le Bureau du Congrès Catholique

SUR

L'ENSEIGNEMENT SPÉCIAL

DANS LES ÉCOLES LIBRES

———✦———

TONNERRE

TYPOGRAPHIE ET LITHOGRAPHIE P. BAILLY

16 & 18, RUE ROUGEMONT, 16 & 18

1887

SEIZIÈME ASSEMBLÉE GÉNÉRALE ANNUELLE

DES

CATHOLIQUES DE FRANCE

A PARIS

RAPPORT

PRÉSENTÉ PAR M. **CH. PERROUX**, DIRECTEUR DE L'ÉCOLE SAINT-GERMAIN

A TONNERRE

Et admis à la lecture par le Bureau du Congrès Catholique

SUR

L'ENSEIGNEMENT SPÉCIAL

DANS LES ÉCOLES LIBRES

TONNERRE

TYPOGRAPHIE ET LITHOGRAPHIE P. BAILLY

16 & 18, RUE ROUGEMONT, 16 & 18

1887

AVANT-PROPOS

Nous avons dû nous renfermer ici dans la question proposée par l'Assemblée générale des Catholiques de France, et nous n'avons traité que de l'enseignement spécial. Bien d'autres questions demandent à être examinées, dans cette grande œuvre de la restauration de l'enseignement chrétien ; nous le ferons si la Providence nous en donne le loisir. Dès maintenant, nous tenons à répondre à une objection qui nous a été faite ; on nous a dit : « Que de petites écoles primaires ne suffisent pas dans les villes et les centres populeux en général, cela se comprend ; mais pourquoi fonder des écoles spéciales plutôt que des écoles primaires supérieures ? » Voici notre réponse :

Les catholiques ont intérêt à ouvrir des écoles secondaires spéciales plutôt que des écoles primaires supérieures, parce que les écoles secondaires pouvant s'annexer des classes primaires, l'action de ces écoles s'étend sur un plus grand nombre d'enfants, et l'installation des écoles secondaires spéciales n'est pas plus coûteuse que celle des écoles primaires supérieures. En outre, les bacheliers ayant le droit légal d'être à la tête des écoles secondaires, on pourra plus facilement trouver des directeurs qui présenteront toutes les garanties d'instruction religieuse et de fermeté dans la foi.

On sait, en effet, que beaucoup de bacheliers laïques ont été élevés dans des séminaires ; l'Université elle-même n'était pas autrefois ce qu'elle est aujourd'hui, et mon cœur se souvient toujours avec émotion de la piété qui régnait dans le collège universitaire où j'ai fait mes études. Enfin, il y a beaucoup de prêtres bacheliers, qui pourront être appelés à ces positions de directeurs. Tous ces hommes, la Franc-maçonnerie a voulu les éloigner de l'enseignement des enfants du peuple, lorsqu'elle a détruit l'équivalence des diplômes ; mais on ne pense pas à tout, et, en admettant l'annexion des classes primaires aux écoles secondaires, elle a ouvert la porte à notre dévouement pour les enfants du peuple. Profitons-en ; fondons des écoles spéciales avec annexion de classes primaires.

Nous ne terminerons pas cet avant-propos sans faire un pressant appel à la charité chrétienne, en faveur des écoles libres, et en particulier de l'école Saint-Germain, de Tonnerre. Qu'on le remarque bien, c'est sur le terrain de l'éducation que portent tous les efforts de la Franc-maçonnerie. Ruiner la civilisation chrétienne et établir sur ses débris le règne de Satan, damner les âmes, rendre inutile le sang divin versé sur le Calvaire, voilà où elle tend. C'est aux âmes de foi à voir si elles lui laisseront faire son œuvre.

VIVAT QUI FRANCOS DILIGIT CHRISTUS !

RAPPORT

Présenté par M. Ch, PERROUX; Directeur de l'École Saint-Germain, à Tonnerre

Et admis à la lecture par le Bureau du Congrès Catholique

SUR L'ENSEIGNEMENT SPÉCIAL

DANS LES ÉCOLES LIBRES

MESSIEURS,

Votre commission a mis à l'étude la question suivante :

« Les établissements libres d'enseignement secondaire spécial. »

Cette question est importante. L'enseignement spécial, plus que tout autre, est dangereux entre les mains des incrédules. Etrang_r aux études fortes et complètes qui, avec la grâce de Dieu, affermissent la foi ou y ramènent, l'enseignement spécial ne donne que les conclusions des sciences ; dès lors, s'il n'est pas accompagné de l'enseignement religieux, si l'esprit de foi ne le pénètre pas, il né formera que des demi-savants qui, inquiets, orgueilleux, rebelles au catholicisme comme à la raison elle-même, seront les fléaux de la Société. Dans l'intérêt de cet enseignement, dans l'intérêt des jeunes gens qui le suivent, pour la Société et pour Dieu, les catholiques ont le devoir d'intervenir et de chercher à le diriger.

Permettez-moi donc, Messieurs, d'examiner brièvement dans quelles conditions doivent être établies les écoles spéciales et quel est l'avenir de ces écoles.

Vous le savez, Messieurs, les écoles secondaires spéciales peuvent être fondées par des bacheliers, et à ces écoles la loi permet d'annexer des classes primaires.

Ces écoles spéciales ont donc l'avantage de s'adresser aux jeunes enfants de 6 à 13 ans, qui font leurs classes primaires ; elles s'adressent aussi aux enfants très nombreux qui veulent pousser leur instruction plus loin que les études primaires, sans pour cela faire des études de latin.

On trouvera donc facilement des directeurs pour ces écoles et on aura sous la main une clientèle nombreuse qui les peuplera, si d'ailleurs cette clientèle rencontre un enseignement pratique et vraiment utile, si elle trouve cette protection que le peuple attend des classes dirigeantes, et ce confort qui est dans l'esprit public.

De quelle nature seront ces écoles ? En fera-t-on des externats ou des pensionnats ? Je ne veux pas examiner ici la question de l'internat. Prenons, si vous le voulez bien, la situation telle qu'elle est. Or, aujourd'hui, presque tous les cultivateurs aisés, les fermiers, les petits propriétaires, envoient leurs enfants en pension après la première Communion, quelques-uns même avant la première Communion. Je crois donc que là où on pourra établir des pensionnats, il serait bon de le faire. Cette population rurale recevrait ainsi le bienfait d'une éducation catholique qui finirait par porter ses fruits. Et l'école se recruterait non seulement dans la ville où elle serait établie, mais aussi dans les environs.

Quel programme d'enseignement devra-t-on suivre dans ces écoles ?

Je ne parlerai pas ici de l'enseignement religieux. Il est trop clair que dans nos

écoles la direction doit être nettement religieuse, sans affectation sans doute, mais
aussi sans timidité ; et quant à l'enseignement
religieux, il doit être donné avec le plus grand
soin et il prime tout autre enseignement.
Tout cela est hors de question. Il s'agit donc
en ce moment uniquement de l'enseignement
des connaissances rationnelles.

Ces écoles comprendraient deux enseigne-
ments, l'enseignement primaire et l'enseignement secondaire spécial.

DE L'ENSEIGNEMENT PRIMAIRE

Nous croyons qu'il faut autant qu'on le
peut échapper au surmenage universitaire ;
restreignons les matières de l'enseignement
primaire ; la santé des enfants y gagnera et
aussi leur instruction. Si on part du principe
de l'utilité pour établir des programmes d'enseignement, on y fera entrer toutes les
connaissances humaines, car toutes sont
utiles. Pourquoi ne pas s'en tenir à l'indis-
pensable, aux connaissances qui doivent
demeurer dans l'esprit de l'enfant : Lecture,

écriture, orthographe et grammaire, arithmétique pratique, histoire de France abrégée,
notions très succinctes de géographie générale, et géographie de France. En ajoutant à
ces matières l'histoire sainte et le catéchisme,
le programme sera certes assez chargé. Il n'y
a pas lieu de s'occuper de gymnastique (1).
Faisons, le jeudi, de grandes promenades en
pleine campagne ou dans les bois, voilà la
meilleure gymnastique ; et quant à ces leçons
de choses dont on parle tant, quant aux
notions d'instruction civique, de sciences
physiques et naturelles, d'agriculture, tout
cela trouvera sa place dans la lecture, les
dictées d'orthographe, les problèmes d'a-
rithmétique. N'en faisons pas des objets
d'enseignement, gagnons du temps, que ces
notions soient acquises incidemment en faisant de l'orthographe ou du calcul.

(1) Un esprit excellent nous fait remarquer que la
gymnastique et les exercices militaires sont une
nécessité de la nouvelle existence sociale, et il exprime
le désir de voir ces exercices maintenus dans les
écoles religieuses. Pour faire droit à ce désir, on
pourrait enseigner ces exercices dans les deux der-
nières années d'école, aux enfants de 11 à 13 ans et
aux élèves de l'enseignement spécial. Quant aux
plus jeunes enfants, de 6 à 11 ans, nous pensons que
rien ne serait meilleur pour leur santé et leur développement physique que les libres allures des
promenades en plein air.

DE L'ENSEIGNEMENT
SECONDAIRE SPÉCIAL

Dans les écoles secondaires spéciales, le programme secondaire serait suivi par les enfants qui auraient obtenu le certificat d'études primaires. Les élèves qui ne seraient pas munis de ce certificat, mais qui, après examen, seraient reconnus aptes à suivre le cours secondaire, y seraient admis.

Quelles matières comprendrait ce programme ?

Il paraît impossible de donner à cette question une réponse générale et absolue. L'enseignement spécial doit varier selon les localités. Il ne peut pas être au Creusot ce qu'il sera dans les plaines de la Beauce ; ni dans un pays vignoble ce qu'il est en Normandie. Dans chaque région il conviendra donc de tracer un programme spécial à la région.

Pour le Tonnerrois que j'habite il semble que ce programme doit contenir les matières suivantes :

Continuation de l'étude de la grammaire et de l'orthographe.

Continuation de l'étude de l'arithmétique pratique.

Tenue des livres de commerce et de comptabilité agricole.

Arpentage, nivellement, lavis, cubage.

Chimie agricole.

Dessin géométrique, coupe des pierres et du bois.

Enfin travaux manuels.

J'ajoute que l'enseignement du catéchisme est remplacé dans le cours spécial par des conférences religieuses. Ces conférences sont de la plus grande importance, même au point de vue rationnel ; elles intéressent vivement les enfants, remplacent avec avantage l'enseignement littéraire et apprennent aux enfants à écrire en français.

La durée du cours spécial serait de deux ou trois ans. C'est à peu près le temps que les enfants de la campagne restent en pension.

Après ces deux ou trois ans d'études, nos élèves sortiraient de nos écoles possédant des connaissances vraiment utiles ; ils seraient à même de tenir une comptabilité ; ils sauraient arpenter leurs champs, en faire le nivellement ; ils connaîtraient la nature des sols, leurs améliorations, les assolements, etc ; enfin, ils sauraient manier la scie, forger un morceau de fer.

Au lieu de cet enseignement pratique, qu'apprennent aujourd'hui les enfants des cultivateurs aisés, des fermiers, des petits propriétaires ? On les place dans des collèges ou dans des écoles secondaires classiques où ils suivent des cours de géométrie théorique qu'ils ne voient qu'en partie et dont ils ne retireront aucun fruit ; ils commencent également un cours d'algèbre dont ils n'ont que faire ; ils ébauchent de la chimie, de la physique. Tout cela est un travail absolument stérile pour eux. Cet enseignement scientifique, excellent pour des candidats au baccalauréat, est détestable pour des enfants qui doivent au bout de deux ou trois ans retourner à leurs champs.

Que nos écoles soient des écoles vraiment utiles, des écoles pratiques. Que la chimie agricole y soit sérieusement enseignée, qu'un laboratoire de chimie soit mis, sous la direction du professeur, à la disposition des élèves. Que de petits ateliers soient établis où les enfants apprendront à manier la lime, la scie, à forger, à se servir du rabot, comme cela se pratique à l'école Turgot de Paris.

Voilà l'enseignement qui répond aux besoins de nos populations, voilà l'enseignement qui assurera la prospérité des écoles spéciales catholiques. (1)

DES DÉPENSES

Pour établir et organiser ces écoles, il est certain qu'il y a des frais à supporter. Mais il ne faut pas penser à fonder une école, sans argent. Toutefois, les premières dépenses une fois faites, je crois que ces écoles peuvent marcher avec un léger subside.

Dans quelques localités, comme à Tonnerre, par exemple, des particuliers mettent des bâtiments à la disposition des comités. Dans ces conditions, les dépenses sont singu-

(1) Relativement à ce programme, on nous fait l'honneur de nous écrire : « Cet enseignement spécial me paraît réunir bien des qualités, et certes j'en souhaite l'avènement. » Rien ne pouvait nous être plus agréable que cette approbation donnée à notre programme par un esprit distingué, qui connaît à fond nos populations du Tonnerrois. Ce nous est un sûr garant que nous ne faisons pas fausse route.

lièrement allégées, et à Tonnerre, pour établir une école spéciale dont tous les bons esprits sentent le besoin, quels frais y aurait-il à faire ?

Achever de mettre les bâtiments en état ; remplacer le mobilier scolaire qui est en ruine ; établir un laboratoire de chimie et deux ateliers : l'un pour travailler le bois et l'autre pour le fer.

Ces frais d'appropriation seraient peu considérables, et un architecte de la ville, M. Colas, les estimait à trois mille francs.

Mais ces dépenses étant faites ; d'autre part, une société de patronage pour protéger les élèves à leur sortie de l'école et les placer au besoin, comme cela se fait à l'école Turgot, étant établie ; enfin, en faisant la réclame que demande toute œuvre qui veut se faire connaître, je n'hésite pas à affirmer que dans ces conditions il y a une position ferme à prendre pour l'école Saint-Germain. Cette école deviendrait promptement une école régionale importante. Placée, d'une part, entre les écoles primaires de l'État où l'enseignement est trop élémentaire, et, d'un autre côté, les collèges où cet enseignement est trop théorique et ne convient qu'à de futurs bacheliers, l'école régionale Saint-Germain aurait son terrain propre et, avec son programme pratique et fait pour les populations du Tonnerrois, elle ne tarderait pas à être prospère et à prendre un rang honorable parmi les plus utiles maisons d'éducation.

Des maisons analogues pourraient se fonder dans d'autres régions, en introduisant dans les programmes les modifications que demandent les diverses localités.

Dès lors, l'enseignement spécial qui, de nos jours est devenu une nécessité par suite du développement du commerce, de l'industrie et de l'agriculture, cet enseignement qui s'adresse à un nombre si considérable d'enfants, cet enseignement dont les âmes chrétiennes ne sauraient se désintéresser, ne portera que de bons fruits et rendra de véritables services au pays.

Vous le remarquez, Messieurs, je n'ai tracé ici qu'un programme très restreint. J'ai eu particulièrement en vue les enfants qui veulent, en deux ou trois ans, compléter leurs études primaires et se livrer ensuite aux travaux de l'agriculture ou au commerce. Si l'enseignement classique ne convient pas à ces enfants, les programmes de l'enseignement spécial, tels qu'ils sont établis dans l'Université, ne leur conviennent pas davantage. Ils n'ont pas été faits pour eux. L'expérience démontre qu'il faut à ces enfants un enseignement plus simple et plus pratique, et j'ai essayé d'en donner le programme pour le Tonnerrois.

Mais là où les ressources pécuniaires le permettront, on devra le compléter par une préparation aux écoles vétérinaires, aux écoles des arts-et-métiers, aux brevets de capacité, etc., enfin au baccalauréat spécial. Dans ce cas, l'école catholique comprendra trois cours distincts : le cours primaire, le cours secondaire moyen et un cours supérieur.

Mais il ne suffit pas de tracer le programme de l'enseignement, il faut trouver des professeurs.

DU PERSONNEL ENSEIGNANT

Le recrutement des professeurs présente toujours des difficultés dans l'enseignement libre, en province. Ou bien ce sont des jeunes

gens sans expérience, qui viennent passer un
an dans nos écoles en attendant qu'ils trou-
vent une place dans l'Université ou ailleurs ;
ou bien ce sont des hommes qui n'ont pas su
conserver les positions qu'ils ont occupées,
soit par défaut de caractère, soit par inapti-
tude à enseigner. Si l'on cherche à se recru-
ter parmi les professeurs retraités, les exi-
gences de traitement sont excessives. De plus,
il ne suffit pas de rencontrer des professeurs
expérimentés, il nous faut des hommes de
foi. Il y a donc là une difficulté très grande.
Plus tard, lorsque des écoles normales catholiques auront été fondées, lorsque les écoles
libres se seront confédérées et que les professeurs pourront passer par avancement, d'une
école dans une autre, la question sera résolue.
Mais jusque-là elle reste entière.

N'y aurait-il pas lieu de faire un appel aux
Tertiaires isolés de Saint-François, qui ap-
partiennent à l'enseignement ? Ces Tertiaires
offriraient de sérieuses garanties à l'éducation
chrétienne. Réunis dans une maison d'éducation, ils auraient la consolation de réciter
en commun le petit office et de former une
congrégation. D'un autre côté ils ne donne-
raient pas de prise à la persécution contre

les ordres religieux : ils sont laïques. Le temps n'est peut-être pas loin, Messieurs, où prêtres et congrégations religieuses seront également mis hors la loi. Tous les arguments invoqués contre les membres de la Compagnie de Jésus se retournent contre les Prêtres séculiers. La Franc-maçonnerie entend bien arracher la foi du cœur de nos enfants ; or, comment arrivera-t-elle à son but criminel si l'éducation de la jeunesse reste entre les mains du clergé séculier ? Le prêtre, hors la loi, voilà bien le but où elle tend. Sans doute, Messieurs, vous ferez les derniers efforts pour empêcher cette grande iniquité. Mais il faut s'attendre à tout et être prêt à toute éventualité. Le clergé séculier a donc, dans l'œuvre de l'éducation de la jeunesse, intérêt à s'assurer le concours de laïques dévoués et sincèrement religieux. Les Tertiaires offrent ces garanties. En leur qualité de laïques, ils échappent aux incapacités dont on poursuit les congrégations religieuses ; déjà, sans doute, ils peuvent donner un certain nombre de professeurs aux écoles libres ; avec le temps le Tiers-Ordre pourrait être, soit par ses professeurs et directeurs d'écoles, soit par les libéralités des Sœurs ou des Frères, un appui efficace pour l'enseignement chrétien de la jeunesse.

Je résume, Messieurs, ces considérations que votre Bureau a daigné accueillir avec une bienveillance dont j'ai l'honneur de le remercier.

L'enseignement secondaire spécial est devenu de nos jours une nécessité ; et cet enseignement pouvant s'annexer des classes primaires, s'adresse à la population scolaire de beaucoup la plus nombreuse.

Mais, d'un autre côté, s'il n'était pas pénétré de l'esprit religieux, il constituerait de graves dangers pour le salut des âmes et pour l'avenir de notre pays.

Il y a donc lieu, pour les catholiques, de se préoccuper de cette question et de fonder des écoles spéciales.

Ces écoles doivent être bien installées et présenter les conditions de confortable qu'exige aujourd'hui l'esprit public (1). Les pro-

(1) Cette question de l'installation est de la plus haute importance ; il n'y a pas de prospérité possible pour une école dont les bâtiments sont inachevés ou délabrés, dont le mobilier scolaire est insuffisant ou en ruine. Fonder des écoles dans ces conditions défectueuses, serait se lancer dans des aventures, compromettre gravement les intérêts qui y seraient engagés et déconsidérer dans l'esprit public la cause

grammes d'enseignement doivent être éminemment pratiques, et ils seront différents selon les besoins des diverses localités.

En sortant de nos écoles, les jeunes gens doivent trouver dans un Comité de patronage, aide et protection.

Dans ces conditions, un avenir prospère est réservé aux écoles spéciales catholiques.

Il y a là, sans doute, pour les comités, des charges assez lourdes à supporter. Mais, dans beaucoup de villes, on met à leur disposition des locaux qui peuvent être aménagés sans trop de frais ; d'un autre côté, les familles chrétiennes à qui Dieu a départi les biens de la fortune, comprendront que le moyen le plus puissant d'assurer la prospérité et l'honneur de leur propre maison, c'est d'avoir à cœur les intérêts surnaturels des enfants du peuple. Vous voulez, Mères de

de l'enseignement chrétien. Qu'on ne se fasse pas d'illusion : ce n'est pas par des considérations d'intérêts surnaturels et de bonne éducation que la plupart des familles se déterminent dans le choix d'une école ; elles obéissent à des motifs d'amour-propre ou d'intérêt, et elles se préoccupent surtout du bien-être matériel de leurs enfants. Attirons donc à nous ces familles en leur offrant les avantages temporels qu'elles recherchent avec un soin trop jaloux, et donnons, en outre, aux enfants un bien infiniment plus précieux : une éducation chrétienne.

famille qui occupez un rang élevé dans la société, vous voulez que Dieu conserve la santé de vos enfants, vous voulez que Dieu garde la chasteté de vos fils et de vos filles, ah ! faites beaucoup pour les enfants du peuple, faites généreusement des sacrifices d'argent pour ces chers enfants à qui des sectaires prétendent enlever les consolations de la foi, et en retour Dieu répandra sur vous et sur votre sang ses bénédictions ; Notre-Seigneur en a donné l'assurance lorsqu'il a dit à sainte Marguerite de Cortone : « Je traite comme on me traite. »

CH. PERROUX

Directeur de l'École Saint-Germain de Tonnerre.

Tonnerre. — Imprimerie P. Bailly.

www.ingramcontent.com/pod-product-compliance
Lightning Source LLC
Chambersburg PA
CBHW051157050726
47594CB00007B/2940